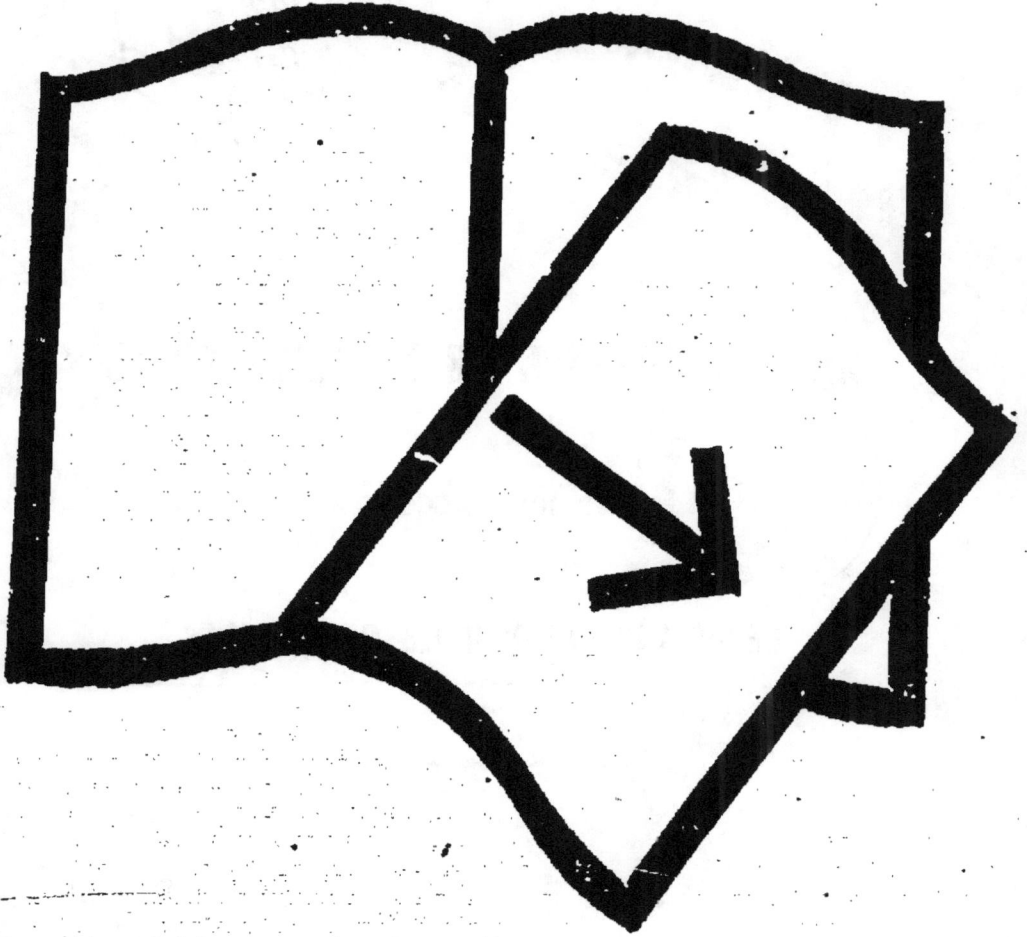

Couvertures supérieure et inférieure
manquantes.

DE L'IMPORTANCE DE LA PHILOSOPHIE

ET DE L'ACCORD

ENTRE LES PHILOSOPHES CATHOLIQUES

DU MÊME AUTEUR :

I. **La primauté de saint Pierre prouvée par les titres que lui donne l'Eglise russe dans sa liturgie.** Paris, Palmé, 1876. . . . . 2 fr. 50
Le même en anglais : **The primacy of Saint Peter demonstrated from the Russian liturgy.** With an Appendix. London et Derby, Richardson, 1878.

II. **The Pope of Rome and the Popes of the Oriental orthodox Church.** 2nd Edition, with a Letter of Mgr. Mermillod, a special preface, and an Appendix, London ; Washbourne, 1876.
Le même ouvrage en français : **Le Pape de Rome et les Papes de l'Eglise orthodoxe d'Orient,** avec un Appendice sur les moyens de coopérer efficacement à la réunion des Eglises, Paris; E. Plon et Cie, 1876. . . . . 4 fr.
L'Appendice est imprimé aussi séparément. Voir n° VI.

III. **L'Avenir de l'Eglise russe.** Paris, 1874, librairie de la Société bibliographique. . . . . 1 fr. 50.
Le même en anglais : **The Future of the Russian Church.** New-York, Cath. Public. Society ; London, Pickering, 1876.
Le même en italien : **L'Avvenire della Chiesa Russa,** versione del Sac. SILVIO VILLORESI, Prato, Ranieri Guasti, 1875.

IV. **Le Règlement ecclésiastique de Pierre le Grand, traduit en français sur le russe, avec Introduction et notes.** Edition accompagnée de la traduction latine imprimée à Saint-Pétersbourg en 1785, par les soins du prince Grégoire Potemkin, *du texte russe original* et de *l'Instruction du Procureur suprême de Synode.* Paris: librairie de la Société bibliographique, 1874. . . . . 10 fr.

V. **Anglicanism, Old-Catholicism, and the Union of the Christian Episcopal Churches.** London, Pickering, 1875.
Le même en allemand : **Anglikanismus, Altkatholicismus und die Vereinigung der Christlichen Episkopalkirchen,** übersetzt von G. PESCH. Mayence, Kircheim, 1875,

VI. **La prière et l'appui du Saint-Siége et de l'Episcopat dans l'œuvre de la réunion des Eglises.** Paris, Plon, 1876. — *(Edition séparée. Voir plus haut n° II.)* Prix : 1 fr.

DE L'IMPORTANCE
DE LA PHILOSOPHIE
ET DE L'ACCORD
ENTRE LES PHILOSOPHES CATHOLIQUES

Avec l'indication des passages de Saint Thomas
relatifs à la formation et à l'origine des idées

PAR

le P. C. TONDINI
Barnabite.

PARIS

LIBRAIRIE DE LA SOCIÉTÉ BIBLIOGRAPHIQUE

35, RUE DE GRENELLE, 35

1878

AU LECTEUR

—

Les pages qui suivent ont formé le sujet d'un discours prononcé à la 1re session du *Congrès bibliographique international* tenu à Paris, sous les auspices de la Société bibliographique, du 1er au 4 juillet de cette année. A peine avais-je terminé de parler, que je fus interpellé de faire connaître à quel système philosophique je donnais la préférence, vu que rien, dans mon discours, ne le faisait connaître. Je répondis que mon but n'avait pas été de faire triompher un système quelconque, mais seulement d'exposer quelques considérations de nature à faciliter l'accord entre les philosophes.

Ce que j'ai déclaré alors, je le répète ici. Quelles que soient mes convictions particulières sur l'unique système philosophique « à la fois vrai et complet » comme je m'exprime plus loin, tout lecteur attentif remarquera que mes considérations sont très-générales, comme il convenait à l'œuvre de conciliation que je me proposais et au caractère d'un Congrès bibliographique *international*, c'est-à-dire représentant la pensée catholique de tous les pays.

Voilà pourquoi, dans les pages qui suivent, je ne me fais ni l'avocat ni l'adversaire d'un système quelconque; je n'exalte ni ne blâme aucun philosophe. Ma confiance est toute dans la double puissance de la charité et de la vérité; la première dispose le cœur à embrasser la seconde, et celle-ci est l'heureuse récompense de la première.

J'ai à peine besoin d'ajouter que, plus nous serons unis dans la charité et dans la vérité, même purement philosophique, plus nous serons à même d'amener à l'Eglise ceux qui en sont séparés. Ce but de réunion est le même que je me suis proposé en divers écrits sur l'Eglise gréco-russe, et surtout dans la propagation de l'*Association de prières pour le retour de tous les Chrétiens séparés du Saint Siége à l'unité catholique.*

Paris, juillet 1878.

C. TONDINI, BARNABITE.

DE L'IMPORTANCE
DE LA PHILOSOPHIE
et de l'accord entre les philosophes catholiques

———

SOMMAIRE

du droit de libre discussion — Fluctuation du langage philosophique ; — Détails. — Conclusion.

Vœu relatif à la philosophie, et soumis au Congrès.

Messieurs,

Un célèbre philosophe allemand, Edouard von Hartmann, écrivait, il y a à peine quelques années : « La métaphysique allemande, » elle seule, peut vaincre l'ultramonta- » nisme (c'est ainsi que Hartmann appelle » le catholicisme), car l'ultramontanisme a » pour lui les deux plus grandes puis- » sances dans la vie de l'humanité, le » sentiment religieux et la bêtise (*die* » *Dummheit*) (1). »

Sans songer au philosophe de l'Inconnu,

(1) *Die Selbstzersetzung des Christenthums und die Religion der Zukunft.* — Heureusement, Hartmann lui-même se plaint, plus d'une fois, de l'influence de la volonté pour fausser l'intelligence. Attendons donc, avant de nous avouer vaincus, que les adversaires du catholicisme nous prouvent avec évidence : d'abord, que leur intelligence est supérieure à la nôtre ; ensuite qu'elle ne subit aucune influence de leur volonté.

Sa Sainteté Léon XIII répondait naguère solennellement à l'insolent défi qui, tous les jours, nous est répété au nom de la raison et de la science. Dès sa première Encyclique, le Saint-Père relevait l'importance de la philosophie et il l'appelait : « Cette science de laquelle dépend, en » grande partie, la vraie explication des » autres sciences et qui, loin de tendre à » renverser la révélation divine, se réjouit » au contraire de lui aplanir la voie et de » la défendre contre ses assaillants, comme » nous l'ont enseigné, par leur exemple et » leurs écrits, le grand Augustin, le Docteur angélique et tous les autres maîtres » de la sagesse chrétienne (2). »

(2) « ... Philosophia, ex qua recta aliarum scientiarum ratio magna ex parte dependet ; quæque non ad evertendam divinam revelationem spectat, sed ad ipsam potius sternere viam gaudet, ipsamque ab impugnatoribus defendere, quemadmodum nos exer::lo scriptisque suis magnus Augustinus et Angelicus Doctor, cæterique christianæ sapientiæ magistri docuerunt. » (Litt. Encycl. *Inscrutabili*, 21 avril 1878.)

Edit. française, Paris, librairie de la société bibliographique, p. 17.

Très-récemment encore, à la date du 31
juin, le Souverain-Pontife revenait sur le
même sujet dans une courte allocution
aux élèves du séminaire Pie et du séminaire romain. « Il est nécessaire, leur di-
» sait-il, que vous vous adonniez assidû-
» ment à la philosophie, sur laquelle les
» autres sciences s'appuient, et de laquelle
» elles reçoivent leur véritable programme.»

Ces deux documents suffisent, à eux
seuls, pour répondre à ceux qui s'étonnent
que nous, catholiques, nous puissions parler hardiment de science et de raison, et,
loin de les craindre, y voir deux puissants
auxiliaires de la foi.

Mais Léon XIII ne se borne point à relever l'importance de la philosophie, il exprime aussi le désir que l'accord se fasse
entre les philosophes catholiques, et il
voit dans l'unité de l'enseignement philosophique une des plus grandes forces
contre les adversaires de la foi. « Plus les
» ennemis de la religion, dit-il, font de
» grands efforts pour enseigner aux hom-
» mes sans instruction, et surtout aux

» jeunes gens, des principes qui obscur-
» cissent leur esprit et corrompent leur
» cœur, plus il faut travailler ardemment
» à faire prospérer non-seulement une
» une habile et solide méthode d'éducation,
» mais, surtout, à rendre l'enseignement
» lui-même de la foi catholique entière-
» ment semblable dans les lettres et les
» sciences, *et en particulier dans la philoso-*
» *phie.*» (3).

Permettez, Messieurs, que, prenant en quelque sorte pour texte de ce discours le passage de l'encyclique de Sa Sainteté qui concerne la philosophie, après avoir traité brièvement de l'importance de cette étude, je vous soumette quelques réflexions ayant pour but de favoriser l'accord entre les

(3) «... Quo validius contendunt religionis hostes im-peritis hominibus, ac juvenibus præsertim, ea discenda proponere quæ mentes obnubilent moresque corrumpant, eo alacrius adnitendum est ut, non solum apta ac solida institutionis methodus, sed maxime institutio ipsa ca-tholicæ fidei omnino conformis in litteris et disciplinis vigeat, *præsertim autem in philosophia.*» Encycl. *Inscrutabili,* id., id. — Ed. franç., id., id.

philosophes catholiques. Par accord, je me
hâte de le dire, je n'entends pas l'absence
de toute discussion dans une science que
l'activité de la pensée humaine ne saura
jamais épuiser, mais seulement l'absence
de tout ce qui, en nous divisant sans profit, affaiblit nos forces, et nous fait tourner
contre nous-mêmes des armes si impérieu-
sement réclamées par la grande cause des
âmes, et par celle de la science elle-même.

I

M'étendre devant vous sur l'importance
de la philosophie serait tout au moins su-
perflu, et, si je touche ce point, c'est uniquement pour rappeler des souvenirs toujours utiles. Qu'il me suffise donc de remarquer que, dès le berceau même de l'Eglise,
quand Rome païenne s'aperçut que, pour
étouffer la nouvelle société religieuse, il
fallait autre chose que du sang et du mépris, le christianisme fut attaqué au nom
de la philosophie. Et, dès ces premiers
jours de l'Eglise, à côté des martyrs, nous

trouvons des philosophes ou, plutôt, des philosophes-martyrs, aidant à la formation de la société chrétienne par la puissance de la pensée et par celle, plus grande encore, du sacrifice. On dit que la société redevient païenne; raison de plus pour que, de nos jours encore, à côté des martyrs, elle trouve des philosophes ou, ce qui vaudrait mieux, des philosophes-martyrs.

Ce que l'Eglise pensait, dans les premiers siècles, de la philosophie vous est bien connu; Clément d'Alexandrie et saint Augustin nous l'ont dit (4). J'ai à peine besoin de mentionner saint Thomas et sa grande école.

Plus tard, le XVIIIe Concile œcuménique, Ve de Latran (1512), déclarait qu'il ne saurait jamais y avoir de contradiction entre ce qui est vrai devant la raison et ce qui est vrai devant la foi; enjoignait aux professeurs de philosophie d'entreprendre la réfutation de toutes les doctrines con-

(4) Clém. d'Alex. *Strom. I.* — Saint Augustin. *De Ordine II*, 44, et *passim*.

traires à la foi, et en donnait pour raison que *tous les arguments des philosophes antichrétiens sont tels qu'ils peuvent être réfutés* (1). Et quand, pour arriver à une époque très-rapprochée de la nôtre, l'excès des égarements de la raison humaine avait amené des esprits, qui n'étaient certainement pas vulgaires, à douter de la puissance de la raison et à faire une place excessive à l'autorité, Rome n'hésitait pas à affirmer et à soutenir de nouveau les droits de cette raison qui, — venant elle aussi de Dieu, si elle est impuissante à atteindre *toute seule* les vérités de l'ordre surnaturel, peut cependant, aidée de la révélation et de la grâce, conduire l'homme à la foi (2).

(1) « Cumque verum vero minime contradicat, omnem assertionem illuminatæ fidei contrariam falsam esse definimus... — Teneantur (philosophiæ magistri) omni studio hujusmodi philosophorum argumenta, *cum omnia solubilia existant*, pro viribus excludere atque resolvere.» VIIIe session.

(2) « Rationis usus fidem præcedit et ad eam hominem, ope revelationis et gratiæ, conducit. » — Prop. IIIe, relative au traditionalisme (1855).

. Enfin, le Concile œcuménique du Va-
tican résumait en des termes d'admirable
clarté la doctrine de tous les siècles touchant les rapports de la raison et de la
foi. Je ne vous cite que les extraits suivants :

« Quoique la foi soit au-dessus de la
» raison, il ne peut jamais y avoir de véri-
» table désaccord entre la foi et la raison,
» car Dieu qui révèle les mystères et com-
» munique la foi est le même Dieu qui a
» répandu dans l'âme humaine la lumière
» de la raison, et Dieu ne peut se nier lui-
» même, ni le vrai contredire le vrai. Cette
» apparence imaginaire de contradiction
» vient principalement, ou de ce que les dog-
» mes de la foi n'ont pas été compris et
» exposés suivant l'esprit de l'Eglise, ou de
» ce que des opinions arbitraires (*opinio-
» num commenta*) sont prises pour des ju-
» gements de la raison... Et non-seulement
» la foi et la raison ne peuvent jamais être
» en désaccord, mais elles se prêtent un
» mutuel secours : la droite raison dé-
» montre les fondements de la foi, et,

» éclairée par sa lumière, développe la
» science des choses divines; la foi délivre
» et prémunit la raison des erreurs, et
» l'enrichit d'une connaissance multi-
» pliée (1). »

Voilà la vraie doctrine de l'Eglise sur les
rapports de la raison et de la foi; elle est
ancienne, sans doute, mais déjà plusieurs
Papes, qui se sont succédé en ce siècle, ont
cru opportun de la rappeler tout particu-

(1) « Verum etsi fides sit supra rationem, nulla
tamen unquam inter fidem et rationem vera dissensio
esse potest : cum idem Deus, qui mysteria revelat et
fidem infundit, animo humano rationis lumen indiderit;
Deus autem negare seipsum non possit, nec verum vero
unquam contradicere. Inanis autem hujus contradictionis
species inde potissimum oritur, quod, vel fidei dogma-
ta ad mentem Ecclesiæ intellecta et exposita non fuerint,
vel opinionum commenta pro rationis effatis habean-
tur... Neque solum fides et ratio inter se dissidere nun-
quam possunt, sed opem quoque sibi mutuam ferunt,
cum recta ratio fidei fundamenta demonstret, ejusque
lumine illustrata rerum divinarum scientiam excolat ;
fides vero rationem ab erroribus liberet ac tueatur,
eamque multiplici cognitione instruat.» — Constit. dog-
mat. *Dei filius.* Cap. IV, *De fide et ratione.*

lièrement aux fidèles, et de leur recomman-
der l'étude sérieuse de la philosophie. Je
n'en citerai qu'un seul exemple. Il y a cin-
quante ans, un prédécesseur de Léon XIII,
Pie VIII, avait un jour à ses pieds un jeune
ecclésiastique en qui il découvrait des
aptitudes singulières pour l'étude de la
philosophie. Le Pape l'engagea vivement
à faire de cette science le but de sa vie et
à publier des ouvrages philosophiques, et
n'hésita point à ajouter ces paroles mémo-
rables : « Les prédicateurs et les confes-
» seurs ne manquent pas à l'Eglise ; ce
» dont elle éprouve le besoin, en ce mo-
» ment, c'est d'avoir à son service des écri-
» vains solides, qui puissent convertir les
» hommes en les prenant par la raison (1).»

Beaucoup plus solennellement que son
prédécesseur, et ne s'adressant plus à un
simple ecclésiastique, mais à tout l'épis-
copat catholique et, par lui, à toute l'E-

(1) *An outline of the life of the very Rev. Antonio
Rosmini, founder of the Institute of Charity,* edited
by the Rev. Father Lockhart. — London, Richardson
1856, p. 40.

glise, Léon XIII ne se montre pas moins
préoccupé que Pie VIII de la nécessité de
philosophes solides qui puissent convertir
les hommes, en les prenant par la raison.

En voilà assez sur l'importance que l'E-
glise donne à la philosophie. Son autorité
nous suffit ; mais il est bon de remarquer
que l'appel de Léon XIII et de ses prédé-
cesseurs répond à un des besoins les plus
urgents de notre époque, soit que nous re-
gardions la société qu'il faut ramener à
Dieu, soit que nous nous considérions
nous-mêmes, soit que nous nous rendions
compte de la terrible influence que peut
avoir une fausse philosophie.

Quant à la société qu'il faut ramener à
Dieu, elle est, hélas! très-loin de Lui. Or,
le vrai chrétien, quand il ne peut faire aux
autres tout le bien qu'il désire, leur fait au
moins tout le bien qui est en son pouvoir.
Si donc, avec bon nombre d'âmes, nous
ne pouvons plus nous placer sur le terrain
de la foi, parce que, sur ce terrain, nous
leur tiendrions un langage devenu pour
elles incompréhensible, nous nous place-

rons sur le terrain de la raison. En leur
apprenant à faire bon usage de la raison,
nous les aurons acheminées, même à leur
insu, vers la foi ; car toute vérité, même
purement naturelle, est un pas vers Dieu.
Si le seul nom d'Eglise leur fait peur, sans
jamais céder une seule parcelle de vérité,
sans faire aucune concession à l'erreur,
nous commencerons par affermir leurs
convictions sur les diverses autorités qui
constituent la société, en leur donnant une
bonne base rationnelle. En respectant ces
autorités, elles se prépareront à apprécier
et à respecter celle de l'Eglise. Si, présentés
par l'Eglise, les principes de la morale
chrétienne leur paraissent trop sévères,
c'est au nom de la raison que nous leur
présenterons ces enseignements, seule base
sûre et indestructible de la famille et de la
société; puis, quand ils s'y seront suffi-
samment exercés et en auront reconnu la
nécessité et les avantages, nous leur dirons:
« L'Eglise n'enseigne pas autre chose. » En
un mot, comme ce n'est jamais la raison
qui éloigne de Dieu, mais seulement son

abus, nous nous efforcerons de les habituer
à s'en servir en tout, de façon qu'elle soit
pour eux ce que l'Eglise a dit d'elle, « un
guide vers la foi » (1). Seulement, pendant
ce travail, nous n'oublierons pas de prier;
car bien insensé est celui qui se flatte tout
seul d'amener à Dieu une seule âme. Avec
l'Apôtre nous dirons et nous répèterons :
« Moi je sème, un autre arrose, mais c'est Dieu
qui donne l'accroissement. » (I. Cor. III, 6.)

Voilà pour la tâche d'amener à Dieu les
âmes qui en sont tout à fait éloignées.
Mais, pour celles aussi qui possèdent le don
inestimable de la foi, pour nous aussi, la
philosophie n'est pas sans de grands avantages. Messieurs, on parle beaucoup du
scandale moral; déplorons-le de toutes les

---

(1) « Ratiocinatio Dei existentiam, animæ spiritualitatem, hominis libertatem, cum certitudine probare potest. Fides posterior est revelatione, proindeque ad
probandum Dei existentiam contra atheum, ad probandum animæ rationalis spiritualitatem, ac libertatem
contra naturalismi ac fatalismi sectatorem, allegari
convenienter nequit.» — Prop. IIe, relative au traditionalisme. Voir aussi la IIIe propos. citée plus haut, p. 14.

forces de notre âme, mais n'y a-t-il pas un scandale plus à redouter encore que le scandale moral, le scandale intellectuel? Le spectacle du vice peut bien ébranler notre vertu, mais une seule contradiction qu'on croit pouvoir relever entre la foi et une donnée certaine de la science, entre les premiers principes du raisonnement et une doctrine révélée, cette seule apparente contradiction, dis-je, ne pourrait-elle pas suffire, en certains instants du moins, à renverser de fond en comble tout l'édifice des croyances religieuses d'une âme, et, avec lui, toute morale et toute vertu? On dira, peut-être, que ceci n'arrive jamais sans faute de la part de cette âme; mais pourquoi alors ne pas se dire aussi que celui qui subit le scandale ne le subit jamais sans quelque faute de sa part?

Dans l'un et dans l'autre cas, la faute personnelle ne rend pas moins déplorable l'influence du scandale, ni moins grave l'obligation de l'empêcher quand cela est en notre pouvoir. Or, un père, une mère, peuvent bien arriver à protéger la vertu encore inexpérimentée de leur enfant, à l'isoler de tout ce qui pourrait gravement l'exposer; mais on dirait que, dans la société où nous vivons, il n'y a pas de précautions suffisantes pour soustraire au scandale intellectuel qui menace la foi. La liberté, ou plutôt la licence, de tout dire et de tout écrire place, de très-bonne heure, le jeune homme en présence des plus terribles problèmes qui ont éprouvé la foi, la vertu et le génie de nos pères. Et ce jeune homme s'y heurte fort souvent sans aucune préparation, ou, plutôt, toute son éducation intellectuelle paraît n'avoir été dirigée que vers le double but de tendre des piéges à sa foi religieuse et de lui enlever les moyens d'y échapper; de le désarmer et de le placer constamment en face de puissants adversaires.

De plus, tandis qu'on exigeait de lui la foi à ses maîtres dans l'étude de n'importe quelle autre science, on jetait le blâme, la méfiance et le mépris sur ceux dont il devait apprendre, avec les dogmes de la foi, les devoirs qui en découlent. Faudra-t-il s'étonner, après cela, si nous sommes inondés de jeunes gens qui, encore imberbes, s'intitulent déjà libres penseurs? En y songeant on est tenté d'en rire; un peu de réflexion, cependant, change ce sentiment en une profonde tristesse, accompagnée du plus vif intérêt pour ces jeunes intelligences beaucoup moins coupables qu'égarées. Ah! Messieurs, quel est celui, même d'entre nous, qui ait entièrement échappé au scandale intellectuel; qui, au moins lorsque ses convictions religieuses le plaçaient en présence d'un pénible sacrifice, ne se soit point souvenu d'objections lues ou entendues contre la foi; ne les ait point vues se dresser devant lui, revêtues de ces caractères trompeurs de force et de vérité que la passion, l'intérêt et l'horreur du sacrifice leur prêtent à notre insu?

Certes, de même que nous devons être vertueux pour Dieu seul, il serait à souhaiter qu'en ces moments un enfant de l'Eglise sût lutter, soutenu uniquement par des motifs surnaturels. Toutefois, de même que l'Eglise, par son exemple et ses prescriptions, nous autorise à nous servir aussi pour nous soutenir contre le mal, de considérations d'un ordre moins élevé, si les plus élevées ont perdu momentanément leur puissance; de même que, tous les jours, les ministres de l'Evangile, pour détourner les hommes du vice, ajoutent aux considérations de l'offense que le péché fait à Dieu et du mal qui en résulte pour nos âmes, d'autres considérations tirées des funestes conséquences que le péché exerce sur le bonheur même de cette vie; ainsi, quand la lumière de la foi, ce sens, si vous me permettez d'employer cette expression, des choses surnaturelles, paraît momentanément s'obscurcir, ne rejetons point une lumière bien inférieure, mais qui ne vient pas moins de Dieu; acceptons plutôt avec reconnaissance le secours qu'elle apporte à notre foi. En l'acceptant nous ferons acte d'humilité chrétienne, de cette vertu qui ne trouve jamais de trop un appui offert à notre faiblesse.

Une dernière réflexion, et je passe à la seconde partie de ce discours. Autrefois, la puissance du gouvernement était surtout dans les moyens matériels, dans les armées : aujourd'hui, elle est dans quelque chose dont nous sommes ici les représentants, dans les idées. Bacon disait : « *Scientia est potentia* »; cela est vrai de toutes les sciences; mais cela est vrai tout particulièrement de celle qui est la base de toutes, la philosophie. L'homme du peuple en ignore peut-être le nom, mais, lui aussi, se demande constamment le pourquoi des choses, et la philosophie est la science des dernières raisons, des derniers pourquoi.

Quand l'ouvrier de nos villes, qui gagne péniblement son pain, voit passer devant lui le riche déployant un luxe parfois provocateur, et se demande le pourquoi de cette différence, il se pose un problème qui est aussi du ressort de la philosophie. Quand le pauvre cherche l'oubli de sa misère dans l'intempérance et le vice, et qu'il se dit, en étouffant ses remords : « La vie est courte, il faut que j'en jouisse de mon mieux; tout finit avec la mort, » il s'est posé une question religieuse à la fois et

philosophique, et lui a donné une réponse
dictée, non point par la raison, mais par
la passion ou les égarements de son esprit.
Le pauvre, pas plus que le riche, ne peut
donc se passer d'une réponse aux derniers
pourquoi ; mais si, d'un côté, on enlève
au peuple les solutions de la foi, et, de
l'autre, on rend sa raison incapable d'y
suppléer, ne fût-ce que dans une faible
mesure, alors le peuple embrasse avec avi-
dité une soi-disant philosophie dont la
puissance de destruction est marquée en
caractères de feu dans l'histoire ; c'est la
philosophie des massacres, des incendies,
des régicides, du nivellement général.

II

En voilà bien assez pour nous convaincre de l'importance d'une bonne philosophie, et justifier, si cela était nécessaire,
la pressante recommandation du Pontife
qui occupe en ce moment le siége de saint
Pierre. Le premier Congrès bibliographique
international devait prendre acte de ses

paroles, et montrer, en y répondant, qu'elles trouvent de l'écho dans nos âmes. Cela cependant ne suffit pas; il est de notre devoir de seconder le Chef de l'Eglise. Mais comment? Que faire?

Permettez, Messieurs, que je m'abstienne de proposer ici un plan quelconque soit de *Tracts philosophiques,* répondant aux questions les plus importantes pour le bonheur de l'homme et de la société, soit d'écrits ayant pour but de montrer la nécessité de la métaphysique pour l'étude des sciences (1), soit, enfin, d'une série d'ouvrages des plus éminents philosophes catholiques de tous les pays. Mille raisons m'imposent cette réserve. De même, je ne m'arrêterai point à vous montrer les avantages de l'accord entre les catholiques. Autant vaudrait m'arrêter à démontrer que Jésus-Christ disait vrai quand il prononçait ces paroles, qui

(1) Des travaux de ce genre ont été déjà essayés. Je cite, au hasard : *La Métaphysique en présence des sciences naturelles,* par M. Domet de Vorges. — Paris, Didier, 1875.

contiennent à la fois un grave enseignement et une prophétie : « Tout royaume divisé contre lui-même sera désolé. » (Luc. xi, 17.)

Le manque d'accord, nous le déplorons. C'est lui qui paralyse, en grande partie, les efforts de l'apostolat catholique, et on pourrait remarquer qu'avec le zèle déployé à différentes époques à nous attaquer mutuellement, nous aurions pu convertir à Jésus-Christ la moitié du monde. Mais cet accord est-il possible sur le terrain de la philosophie?

Si le Saint-Père s'en montre désireux, nous pouvons bien croire qu'il est possible, surtout si, par accord, on entend, comme je l'ai dit plus haut, non pas l'absence de toute discussion, mais seulement l'absence de tout ce qui nous divise avec détriment pour les âmes, et sans aucun profit pour la philosophie elle-même. « Celui-là, disait » un Père de l'Eglise, ne peut être un » philosophe qui se plait à des luttes et » à des combats de paroles (1). » Mais il

_____

(1) « Philosophiam consequi non potest qui, in verborum pugnis et concertationibus, operam suam collocat. » — S. Isid. Pelus. Ep. I, ccxx.

y a plus, cette possibilité peut être aussi
démontrée par la nature de la philosophie
elle-même, car elle n'admet qu'un seul
système qui soit, en même temps, vrai
et complet. Je vais m'expliquer; peut-être
arriverai-je à vous convaincre que l'accord,
tel que nous l'avons en vue, dépend plus
de la volonté que de l'intelligence. Ce sera
un pas immense vers la réalisation du désir
du Vicaire de Jésus-Christ.

Toutes les sciences qui constituent le
savoir humain forment un ensemble qu'on
peut représenter par une pyramide à plusieurs assises. De fait, si on divise toutes
les sciences en groupes, et si on les classe
suivant un ordre déterminé, on trouve que
bon nombre d'entre elles sont dérivées
d'autres sciences plus générales qui les
renferment. De la première assise de la pyramide, nous montons ainsi à la seconde;
là, moins de sciences diverses; mais celui
qui les possède possède aussi, dans leurs
principes, toutes les sciences de la première
assise. Celles de la seconde assise peuvent
être, à leur tour, groupées sous d'autres

sciences moindres en nombre, mais plus générales, dont elles sont dérivées et dans lesquelles elles sont contenues : et ainsi de suite jusqu'à ce que nous arrivions à une seule science qui les embrasse toutes, la philosophie. Celle-ci, en effet, est à tout le savoir humain ce qu'est l'algèbre à tout ce qu'il y a de quantités dans l'univers. Comme tout ce qui peut être mesuré tombe, *en tant que quantité*, sous le domaine de l'algèbre, de même tout ce qui EST — et nulle science ne peut avoir pour objet ce qui n'est pas — tombe, *en tant qu'*ÊTRE (*ens*), sous le domaine de la philosophie, science qui a pour objet les lois de l'ÊTRE (*entis*), sous chacune de ces trois formes : l'idéale, la réelle et la morale.

Mais la philosophie aussi est, à son tour, une science disposée, comme toutes les autres, en forme de pyramide. Des données assez nombreuses qui constituent le corps de la science philosophique, on remonte à un nombre relativement restreint de principes qui les renferment et dont elles sont dérivées; de ces premiers principes à d'autres plus généraux et moins nombreux qui renferment les premiers ; de ceux - ci à d'autres également moins nombreux et plus généraux, et ainsi de suite, jusqu'à ce que nous arrivions à ce principe, premier à la fois et dernier, suivant la marche suivie par le philosophe, à ce *primum philosophicum* qui renferme en germe tout le savoir humain. Ce principe ne peut être qu'un, et voilà pourquoi il ne peut y avoir qu'un seul système philosophique qui soit, à la fois, vrai et complet; voilà aussi pourquoi, non-seulement l'accord entre les philosophes catholiques tel que nous nous le proposons, mais même l'adoption d'un système philosophique unique, peuvent être démontrés comme objectivement possibles par la nature de la philosophie elle-même. Mais il y a plus.

La philosophie, avons-nous dit, est la science qui étudie les lois de l'ÊTRE (*entis*) sous chacune de ses trois formes : la réelle, l'idéale et la morale. Or, ces lois ne peuvent pas être inventées ; elles sont découvertes et constatées ; la philosophie n'est

pas moins une science d'observation que
de raisonnement, ou, plutôt, elle n'emploie
le raisonnement que pour éprouver la vé-
racité de l'observation. Pourquoi donc ne
pas admettre qu'on *puisse* arriver à un accord sur les lois fondamentales de l'ÊTRE
(*entis*) comme on y arrive tous les jours sur
les lois qui régissent le monde matériel ?
Devons-nous dire que l'obstacle ne gît point
dans la nature de la philosophie, mais
en ceci que les vérités philosophiques ont
une application immédiate à la morale et
à la conduite de l'homme ? Ce serait bien
le cas de déplorer, avec Hartmann, mais
dans un autre sens que lui, l'influence
qu'a la volonté pour fausser l'intelligence
(*den fælschenden Einfluss des Willens über den
Intellect*). — Cela établi, voici quelques
remarques qui me paraissent de nature à
favoriser l'accord que nous nous proposons.

Constatons, avant tout, qu'assez souvent
les différences et les motifs de désaccord
ne sont qu'apparents. Dans ce cas, une
certaine largeur de vues et surtout de cœur,
un peu d'abnégation pour s'imposer la tâche

de comprendre celui qu'on envisage comme un adversaire, parfois seulement de la bonne éducation, suffisent pour amener la réconciliation des esprits.

Un grand écrivain italien, Manzoni, si je ne me trompe, observe qu'il y a des disputes qui ne finissent ni ne finiront jamais; ce sont celles où chacune des deux parties ne fait que répéter son argument, sans faire aucune attention à celui de la partie daverse. Or, ne point parler plus d'un à la fois, laisser à l'interlocuteur le temps de s'expliquer, le traiter avec ce respect que l'on doit à tout le monde — et que les vraiment grands se plaisent à témoigner aux plus petits : tout ceci n'est pas moins de la vertu que de la bonne éducation; les deux se prêtent un concours qui, pour notre but, n'est pas à dédaigner. J'oserai même ajouter qu'une sage réserve, avant de mettre au jour nos critiques, n'est pas sans importance pour notre réputation elle-même. Rien de plus facile que d'entasser des objections; mais, outre que parfois elles peuvent être de nature à révéler plutôt de la

légèreté que de la science vraie en celui
qui les met en avant, il peut arriver aussi
que ces mêmes objections aient été déjà
traitées par celui contre lequel elles sont
dirigées, et avec une vigueur de logique et
une profondeur qui laissent bien en ar-
rière celles qui sont déployées par son adversaire. Or, que doit penser le lecteur si,
en faisant cette remarque, il est en outre
blessé par le ton arrogant et dédaigneux
dont on accompagne la critique (1)? Il me
suffit d'avoir touché seulement ce point;
je passe aux divers systèmes philosophiques.

C'est ici surtout qu'il faut porter, avec
le seul amour de la vérité, la réserve et
tout l'ensemble de dispositions que je viens
d'énumérer. Et d'abord, si l'observation ne
me trompe point, ces systèmes, — je parle

(1) E fra amici adunati a piccol crocchio
    Qualcun dirà : « Dei due
    Il critico è il ranocchio
    Il criticato è il bue. »
    (Et, en des réunions d'amis intimes, quelqu'un dira :
« Des deux, le critique est la grenouille, le critiqué
est le bœuf »). *Un capitolo d'ideologia d'un ignorante.*

de ceux qui sont admis et discutés parmi les catholiques, — ne diffèrent parfois entre eux que par la diverse hauteur où le philosophe a placé son *primum philosophicum.* Ainsi, par exemple, il est clair pour tous que le *primum philosophicum* de Descartes : « *Je pense, donc je suis* », occupe une assise qui est encore assez loin du sommet de la pyramide. Qu'est ce que le moi ? Qu'est-ce que la pensée ? Qu'est-ce que l'existence ? etc..... Vous voyez, Messieurs, que Descartes laissait derrière lui un champ très-vaste et encore inexploré. Saint Thomas d'Aquin plaçait certainement beaucoup plus haut son *primum philosophicum,* quand il nous parlait de ce *lumen manifestatio veritatis,* — *principium quo intelligitur,* — *in quo omnia cognoscuntur* — *et primo cognitum a nobis.* * Ces deux exemples vous font comprendre jusqu'à quel point l'accord est possible entre des systèmes qui différeraient seulement par la diverse hauteur à laquelle on a placé le *primum philosophicum.*

Certes, plus celui-ci est placé haut, plus

* Voir l'Appendice n° 1.

le système est solide ; car il laisse moins d'espace derrière lui où le doute et l'erreur puissent avoir libre jeu, afin de renverser, avec le *primum philosophicum*, tout le système qui en découle. Mais si ce *primum*, à quelque hauteur qu'on le place, est un principe vrai et irrécusable, et que les conséquences en soient tirées avec une logique sûre et sévère, il est évident que ce système ne saurait être relégué entre les systèmes erronés, mais, tout au plus, entre les systèmes insuffisants. C'est, si vous me permettez la comparaison, une opération mathématique incomplète, mais entrant comme partie essentielle dans l'opération totale. Parfois, il est vrai, l'insuffisance elle seule pourrait constituer un danger ; signalons-le, après nous être bien assurés que tel est vraiment le cas ; mais gardons-nous bien de confondre l'insuffisant et l'incomplet avec le faux. *Unicuique suum.* Cette réflexion ne me paraît pas sans portée pour écarter beaucoup de récriminations entre des philosophes catholiques.

Je dois maintenant faire quelques remarques sur le *primum philosophicum* de saint Thomas d'Aquin. Si ce grand génie avait traité *ex professo* la question de l'origine des idées, * il nous aurait communiqué, avec plus d'abondance et de clarté qu'il ne l'a fait, ce que son regard pur et pénétrant comme celui d'un ange, avait découvert sur la nature du *lumen manifestatio veritatis.* Faute de cela, bien des discussions ont eu lieu et ont lieu encore sur la nature de ce *lumen;* dira-t-on qu'il est défendu de pousser plus loin ses recherches et de ne pas s'en tenir, maintenant et pour toujours, au point où la question a été laissée par saint Thomas ?

Assurément, nul d'entre nous ne peut en vouloir à ceux qui soutiennent que saint Thomas n'a pas tout dit, ce qui, d'ailleurs, serait prouvé, au besoin, par le seul fait que nous en sommes réduits à une expression métaphorique. Quand on parle de *lumen,* on signale seulement une analogie d'effet entre la lumière matérielle et le *primum philosophicum* : on ne dit pas en quoi celui-

* Voir l'Appendice n° II.

ci consiste ; en outre, un langage métaphorique ne saurait jamais être un langage stric-
tement scientifique. Il me suffit, Messieurs,
de ces quelques remarques pour vous mettre
à même de juger si ceux qui cherchent à
expliquer la nature du *lumen manifestatio
veritatis* de saint Thomas pourraient être,
avec justice, représentés comme tendant à
détrôner sa grande école philosophique, et
cherchant à substituer tout un système de
leur création à celui de l'Ange de l'Ecole :
et cela au moment même où ils invoquent
son autorité et déclarent ne reproduire que
son système. Ils peuvent se tromper, je l'ac-
corde ; qu'on signale leur erreur, si on est
à même de le faire ; mais qu'on ne leur
impute point ce qu'on ne saurait leur im-
puter sans injustice. *Unicuique suum.*

Il arrive aussi parfois que des personnes
bien intentionnées, mais mal informées,
jettent au beau milieu d'une discussion li-
brement agitée parmi les catholiques le
nom de Rome, nom à mon avis trop au-
guste pour qu'on le fasse servir d'épouvantail,

afin de fermer la bouche à des adversaires philosophiques.

Sur cela, je n'ai qu'une chose à dire, et je suis sûr que je ne serai point désavoué par Rome. C'est que Jésus-Christ, en nous parlant de l'Église qu'il allait fonder, la représente comme une ville bâtie sur la montagne, et non point comme une ville souterraine; il la compare à une lumière placée sur le candélabre de façon à éclairer toute la maison, et non point à une lampe qu'il faille aller chercher sous le boisseau. Rome sait bien parler quand elle veut, et elle n'a peur de personne; quand elle ne parle pas, c'est qu'elle trouve des avantages à laisser la discussion se continuer; et quand elle parle, elle le fait de façon à ce que tous puissent discerner sa voix de celle de tout autre, dont l'autorité, quelque grande qu'elle soit, ne saurait jamais être comparée avec celle de Rome. Quand la vraie Rome parlera, les vrais catholiques se soumettront.

Je dis qu'ils se soumettront, et, pour le faire, ils n'attendront pas que le Pape parle *ex cathedrâ*. Certes, je n'aurai garde

d'élargir le champ de l'infaillibilité ; le
Saint-Esprit qui a inspiré à son Eglise
cette définition, est le même qui lui a inspiré d'en tracer les limites; en les dépas-
sant, nous nous exposons à sortir du droit
chemin de la vérité. Qu'on en sorte à droite,
par excès, qu'on en sorte à gauche, par
défaut, c'est toujours en sortir ; d'ailleurs,
toutes les hérésies peuvent être classées en
deux grandes catégories : hérésies par excès
et hérésies par défaut, et, généralement,
les premières ont appelé les secondes, et
les secondes, à leur tour, ont appelé les
premières. Je n'aurai donc garde d'élargir
le champ de l'infaillibilité; mais est-il nécessaire de le faire pour se soumettre?
L'Eglise, Messieurs, n'est pas seulement
maîtresse de vérité, elle est aussi mère ;
quand une mère engage son enfant à ne
point exprimer certaines opinions, à être
plus réservé sur d'autres, l'enfant obéit.
C'est qu'une mère a toujours des droits sur
le cœur de son enfant, même lorsqu'elle
s'abstient de faire valoir ceux qu'elle a sur
son intelligence. Appliquons cela à l'Eglise.

A l'intelligence elle demande la foi, elle ne le fait que très-rarement ; au cœur elle demande l'humilité et la soumission, cela arrive plus souvent, mais, comme pour la foi, quand elle le fait, c'est toujours parce que ces vertus nous font grandir devant Dieu, et l'Eglise met là son bonheur.

Parfois aussi, hâtons-nous de le remarquer, d'ardentes polémiques, parmi les philosophes catholiques, sont déterminées par un motif de conscience. On s'effraie à la pensée des conséquences logiques que peut avoir un système que l'on croit faux ; on ne voit plus au bout de ce système que panthéisme, matérialisme ou scepticisme ; on se dit qu'il faut obvier au scandale ; on se représente une multitude innombrable d'âmes perdues à cause de la vogue que va acquérir ce système ; on se donne la mission d'en empêcher le triomphe coûte que coûte. Messieurs, Dieu, qui aime les âmes plus que nous ne saurions jamais les aimer nous-mêmes, Dieu, Amour essentiel et infini, Dieu est aussi Sagesse infinie. Après Dieu, l'Eglise nous donne également l'exemple d'un amour des âmes que rien n'égale, uni à une sagesse que la nôtre ne saurait jamais égaler. Où irions-nous, si chacun se donnait la mission d'empêcher, coûte que coûte, ce qui lui paraît, — à lui, — un faux système philosophique? Nulle tyrannie ne pourrait être comparée à la tyrannie morale qui en résulterait.

Imitons donc l'Eglise; ce qu'elle permet ou tolère, sachons le permettre ou tolérer nous aussi. Peut-être découvrirons-nous un jour que tel système qui, à nos yeux, devait conduire droit à la négation même de Dieu, est, entre tous, celui qui est plus fait pour donner une base solide et inébranlable à l'enseignement scientifique de la théologie elle-même. « *Non in commotione Dominus,* » et on peut dire aussi : « *Non in commotione veritas.* » Le zèle, vertu assez facile, surtout pour les tempéraments sanguins ou bilieux, pourrait, à lui seul, nous induire en de graves erreurs et en de graves injustices. Un philosophe qui, chargé de nous guider à la vérité, le ferait en un style acerbe et passionné à l'égard de ceux

qui ne partagent point ses opinions, me
paraît semblable à un cocher, dont la manière de fouetter les chevaux trahirait une
grande exaltation ; ce sera miracle si l'un
et l'autre nous font arriver sains et saufs
au bout de notre voyage. Combattons donc
les erreurs contre lesquelles nous croyons
pouvoir nous élever ; mais que, dans notre
langage, on remarque, avec une sage dé-
fiance de nous-mêmes, une grande défé-
rence pour les prescriptions de l'Eglise à
l'égard des discussions entre les catholiques.
L'Eglise, gardienne de tous les droits, est
aussi une gardienne jalouse du droit de
libre discussion dans les questions que son
autorité n'a pas encore décidées ; il me
suffit de vous rappeler la lettre encore ré-
cente de Mgr Czacki, (5 juillet 1877) écrite
au nom de Pie IX, au sujet des disputes sur
la composition de la matière, et, mieux encore, la Bulle *Sollicita et provida* (14 août 1753),
de Benoît XIV, pour les examinateurs de
l'*Index* (4).

(4) On peut voir, à ce sujet : *La lettre de Mgr*

Enfin, Messieurs, si ma pauvre petite expérience ne me trompe point, bon nombre de malentendus et, hélas ! parfois aussi de récriminations, trouvent leur source dans la fluctuation du langage philosophique. Ce point est si important qu'il me fournirait à lui seul la matière d'un long rapport : ici, je n'en dirai qu'un mot et je me hâterai de conclure.

De quelle importance est la précision dans le langage philosophique, personne ne l'ignore. De même que la différence d'un dixième de degré peut être appréciée comme nulle, si les deux côtés du triangle que nous mesurons vont bientôt rejoindre le côté qui leur est opposé, mais que la même différence peut nous induire en une erreur de mil-

---

Czacki et le thomisme, et les Constitutions de la Compagnie de Jésus et le Thomisme, par le R. P. Paul Bottalla, de la Compagnie de Jésus. Poitiers et Paris, Oudin, 1878.—*Les Discussions des catholiques suivant les règles de l'Eglise*, par l'Av. D. F. des Mrs Liberati. Paris, C. Dillet, 1873. Le lecteur trouvera dans ce dernier ouvrage l'analyse de la Bulle *Sollicita et provida*, de Benoît XIV.

lions de lieues, si les deux côtés doivent se prolonger jusqu'aux étoiles ; ainsi , une inexactitude de langage , insignifiante en d'autres sciences, peut suffire pour ruiner tout l'édifice du savoir, si elle a lieu en philosophie.

Et qui ne sait, en effet, que Spinosa bâtit tout son athéisme soi-disant scientifique sur une simple ambiguïté dans la définition de la substance? Or, qu'on veuille bien se rendre compte de ce que le langage perd nécessairement de précision par le manque d'une langue unique pour tous les philosophes, par les traductions d'une langue dans l'autre , par l'introduction de nouveaux termes et de nouvelles formules; qu'on veuille aussi remarquer que la pauvreté relative de certaines langues peut bien, elle aussi, être nuisible à la précision du langage philosophique. Je me garderais bien de mal parler ici de la langue française; mais ai-je tort de faire remarquer qu'un seul mot, *être*, rend à la fois les deux mots latins *essere* et *ens*, mots qui ne peuvent pas être employés au hasard l'un

pour l'autre? Et, quant au latin lui-même,
est-ce que l'absence d'article n'est pas, quelquefois, une cause d'ambiguïté? Est-ce que
la nécessité de se plier à certaines exigences
littéraires ne nuit pas non plus, quelquefois,
à la clarté? Tous ceux qui ont parcouru
quelques-uns des écrits de saint Thomas
savent que c'est, souvent, au prix de l'élégance
qu'il a pu obtenir la clarté; mais tous ne
savent pas également sacrifier le beau au
nécessaire.

Et puis, quand une nation a adopté pendant longtemps, avec le système d'un philosophe, son langage aussi, est-ce que ce
langage n'arrive pas à faire, en quelque
sorte, partie intégrante de son vocabulaire?
et peut-elle s'en défaire facilement pour
ne pas revêtir des idées nouvelles de formes
ambiguës? Qui ne sait que l'influence de
Locke en Angleterre a été telle que, même
de nos jours, il faut traduire, pour ainsi
dire, le langage philosophique adopté par
bon nombre d'écrivains de ce pays? Si je
ne me trompe, l'adoption d'un langage
philosophique bien arrêté, et commun à

toutes les langues et à tous les pays, marquerait un progrès immense pour la philosophie. Un inventaire, pour me servir de cette expression, du langage philosophique en usage aux différentes époques et dans les divers pays, en serait le premier pas.

Voilà, Messieurs, quelques remarques qui me paraissent de nature à favoriser l'accord entre les philosophes catholiques. Je n'ai pas épuisé mon sujet, mais je ne dois pas non plus abuser de votre patience, et je finis. Si elles pouvaient contribuer à diminuer le nombre des discussions qui nous divisent sans profit, je ne pourrais que bénir la pensée que j'ai eue de vous les soumettre.

———

Vœu relatif a la philosophie, *adopté dans la 1re section, et à la séance générale (4 juillet 1878) du Congrès bibliographique international.*

Le premier Congrès bibliographique international, s'inspirant de la pensée de l'Eglise, qui, loin de craindre le sain usage de la raison, y a toujours vu un puissant auxiliaire de la foi ;

Et répondant à l'appel de Sa Sainteté Léon XIII, touchant l'importance de la philosophie et de l'accord entre les philosophes catholiques,

Emet le vœu :

I. — Que les auteurs catholiques s'occupent de populariser cette science, de façon à fournir des armes à ceux qui se trouvent en présence d'objections soulevées, au nom de la raison, contre la foi.

II. — Que, tout en gardant et en exerçant la liberté de discussion consentie et recommandée par l'Eglise, ils y apportent, cependant, ces dispositions d'esprit et de cœur qui écartent les malentendus, favorisent l'entente, et ne laissent plus de place que pour des discussions vraiment utiles aux progrès de la philosophie elle-même.

APPENDICE

—◦—

I.

II.

III

IV.

* Le lecteur est prié de suppléer ce mot, qui a une grande importance , à pp. 7, 35, 37 et 38.

I.

PASSAGES DE SAINT THOMAS D'OU SONT TIRÉES LES EXPRESSIONS CITÉES A PAGE 35.

LUMEN, QUÆDAM MANIFESTATIO VERITATIS.

Considerandum est quod lumen, secundum quod ad intellectum pertinet, nihil est aliud quam QUÆDAM *manifestatio veritatis*, secundum illud ad Ephes. V. « *Omne quod manifestatur lumen est.* » Unde illuminare nihil aliud est quam manifestationem agnitæ veritatis alii tradere etc. (SUMMA THEOL. I. Iᵃ quæst. 106, art. 1).

Nomen lucis primo quidem institutum est ad significandum id quod facit manifestationem in sensu visus. Postmodum autem extensum est ad significandum omne illud quod facit manifestationem, secundum quamcumque cognitionem. (*Id. id.* quæst. 67, art. 1.

PRINCIPIUM QUO INTELLIGITUR. — IN QUO OMNIA COGNOSCUNTUR.

Dans la *Summa theologica*, Saint Thomas se pose la question suivante : *Utrum Deus sit*

primum quod a mente humana cognoscitur, et
commence ainsi :

Videtur quod Déus sit primum quod
a mente humana cognoscitur. Illud enim
in quo omnia alia cognoscuntur, et per
quod de aliis judicamus, est primo cognitum a nobis sicut lux ab oculo et principia
prima ab intellectu. Sed omnia in luce
primæ veritatis cognocimus et per eam de
omnibus judicamus, ut dicit Augustinus.
Ergo Deus est id quod primo cognoscitur a
nobis.

A cette objection il répond de la manière
suivante :

Ad primum dicendum quod in luce
primæ veritatis omnia intelligimur et
judicamus, in quantum ipsum lumen intellectus nostri, sive naturale, sive gratuitum,
nihil aliud est quam quædam impressio
veritatis primæ. Unde cum ipsum lumen
intellectus nostri non se habeat ad intellectum nostrum sicut *quod* intelligitur sed
sicut *quo* intelligitur; multo minus Deus
est id *quod* primo a nostro intellectu
intelligitur. (SUMMA THEOL. I. Iᵉ quæst. 88.
et passim).

PRIMO COGNITUM A NODIS.

Voit-on d'abord la lumière, ou les objets
éclairés par la lumière ?

Si nous interrogeons les écrits de Saint Thomas nous trouvons des passages qui paraissent contradictoires. Je me borne à citer les suivants :

> *Nec tamen oportet quod etiam ipsum lumen inditum sit primo a nobis cognitum.* Non enim eo alia cognoscimus sicut cognoscibili quod sit medium cognitionis; sed sicut eo quod facit alia cognoscibilia ; unde non oportet quod cognoscatur nisi in ipsis cognoscibilibus, *sicut lux non oportet quod videatur ab oculo nisi in ipso colore illustrato.* (In LIBRUM BOETII DE TRINITATE, Quæstio I. *Utrum Deus sit primum, quod a mente cognoscitur.* Art. III).

> Sicut se habet lux corporalis ad visionem corporalem, ita se habet intellectus ad intelligibilem visionem. Sed quælibet lux corporalis, quantumcumque sit parva, facit aliquid videri corporaliter, *ad minus seipsam.* Ergo, et *lux intelligibilis,* quæ est menti connaturalis, sufficit ad veritatem aliquam cognoscendam. (In LIBRUM BOETII DE TRINITATE. quæst. I : *Utrum mens humana ad cognitionem veritatis nova illustratione divinæ lucis indigeat.* art. I.)

> *Quandocumque videtur color, eodem actu videtur lumen; potest tamen videri lumen sine hoc quod videatur color.* (SUMMA THEOL. I, II; quæst. 8 art. III, ad 2).

Ces apparentes contradictions disparaissent si seulement on établit une distinction, fondée sur la nature même des choses, entre la manière dont on voit la lumière *dans les objets éclairés par elle* et qui la reflètent (*visio reflexa*), et cette manière spéciale et unique dont on voit la lumière *toute seule,* sans aucun des objets éclairés par elle (*visio directa*).

Il est évident que, dans le premier cas, la lumière ne saurait être séparée des objets qu'elle éclaire ; elle est le moyen à l'aide duquel les objets sont vus et ceux-ci, à leur tour, sont le moyen à l'aide duquel la lumière est reflétée dans l'œil. Ici la lumière en tant que « id *quo* videtur* » est vue en même temps que l'objet, mais en tant que « id *quod* videtur » n'est vue qu'après l'objet, et seulement lorsque la réflexion est survenue pour distinguer l'objet éclairé du principe qui l'éclaire, et se fixer ensuite sur ce dernier.

Celui, au contraire, qui ne verrait que la lumière toute seule, n'aurait, devant lui, rien de déterminé, rien qui se distinguât de la lumière elle même, rien qui, par conséquent, arrêtât sa pensée sur elle. Ce serait une vision constante, uniforme, indéterminée, inconsciente même, mais que nul ne voudra confondre avec la cécité. La lumière est bien quelque chose puisque Dieu en fit l'objet d'une création spéciale « *Fiat lux et facta est lux* » (Gen I. 3). D'autre part, saint Thomas n'aurait point appelé la lumière toute seule « *quædam manifestatio veritatis* » et n'aurait point écrit : *quælibet lux corporalis, quantumcumque sit parva, facit aliquid videri corporaliter,* AD MINUS SEIPSAM *: ergo et* LUX INTELLIGIBILIS, QUÆ EST MENTI CONNATURALIS *sufficit ad veritatem aliquam cognoscendam* » c'est-à-dire : « *ad minus seipsam* » si la lumière, même toute seule, ne manifestait absolument rien. D'après saint Thomas, donc la « *lux in-*

telligibilis » n'est pas une simple faculté de voir mais bien *quelque chose qui est vu*, quelque chose qui, *même tout seul*, est objet de notre intelligence. Cela me paraît indiqué, d'ailleurs, par le mot *intelligibilis*. Il est à supposer que Saint Thomas n'en ignorait point la valeur. Cette lumière, en outre, est « *menti connaturalis* ». Cela revient à dire qu'elle brille devant notre esprit dès le premier moment de notre existence, avant que les sens nous aient fourni aucune « species » (*image*) de choses matérielles.

Toute cette doctrine touchant la lumière toute seule et la manière dont on la voit, indépendamment de toute « species » ou « similitudo », est clairement exprimée en plusieurs passages de saint Thomas. J'en cite quelques uns. Les lecteurs remarqueront que le saint Docteur ne parle de la lumière matérielle que pour mieux faire saisir ce qui arrive de la lumière intellectuelle, et se rappelleront les paroles déjà citées plus haut : « *sicut se habet lux corporalis ad visionem corporalem, ita se habet intellectus ad intelligibilem visionem.* » Voici ces passages.

1. » Aliquid tripliciter cognoscitur, uno modo PER PRÆSENTIAM SUÆ ESSENTIÆ IN COGNOSCENTE, *sicut si lux videatur in oculo...* Alio modo *per præsentiam suæ similitudinis in potentia cognoscitiva*, sicut lapis videtur ab oculo per hoc quod similitudo ejus resultat in oculo. Tertio modo per hoc quod similitudo rei cognitæ non

accipitur immediate ab ipsa re cognita, sed a re aliqua in qua resultat, *sicut* videmus hominem *in speculo* » (Summa theol. quæst. 56. art. III.)

2. « Sciendum est quod sensibile aliquid potest tripliciter videri, scilicet aut per sui præsentiam in re vidente, *sicut ipsa lux quæ præsens est oculo*, aut per præsentiam suæ similitudinis in sensu, immediate derivatam ab ipsa re...... aut per præsentiam suæ similitudinis non immediate derivatæ ab ipsa re, etc. » (In. i. ep. ad. cor. cap. XIII, lect. 3.)

3. « Differt hæc triplex visio (de Deo), ut sensibiliter loquamur, *sicut oculus videt lucem existentem in pupilla, non per aliquam speciem ejus*, et hæc est similis visioni qua Deus videt se ; sed visio qua Angelus videt Deum, est similis visioni, qua aliquis videt hominem per similitudinem immediate ab ipso receptam; sed visio intellectus humani qua Deum videt, similis est illi visioni, qua aliquis hominem videt intuendo speculum, in quo hominis imago resultat, et propter hoc dicuntur in speculo videre (1. Cor. 13) etc.» (II. Distinct. IV, quæst. I, art. 1. c.)

4. « Sciendum autem quod (Deus) tripliciter videri potest. Uno modo per suam es-

sentiam. Alio modo per effectum aliquem ejus effluentem in intellectum videntis. Tertio modo per effectum aliquem extra intellectum videntis, in quo divina similitudo resultat. Hujus autem exemplum in visione corporali inspici potest, *lux enim non videtur ab oculo per aliquam similitudinem sui in ipso relictam, sed per suam essentiam oculum informans*, et huic comparatur primus modus divinæ visionis qui est per essentiam, et hic quidem modus cognitionis Dei ex conditione naturæ suæ, nulli naturæ debetur nisi divinæ, in qua est sciens et scitum. Lapis autem videtur ab oculo corporali per similitudinem suam in ipso oculo relictam, etc. (II Distinct. XXIII, quæst. 2. art. I. c.)

5. «Tripliciter aliquid videtur : uno modo per essentiam suam, *sicut quando essentia visibilis conjungitur visui, sicut oculus videt lucem*. Alio modo, per speciem seu quando similitudo ipsius rei ab ipsa re imprimitur in visum, sicut cum video lapidem;... tertio vero per speculum...(De veritate. quæst. 8. art. III, ad, 17.)

Réunissant les données précieuses contenues en ces passages du saint Docteur, nous pouvons établir le parallèle suivant :

On voit les objets éclairés par la lumière et, par conséquent, la lumière qu'ils reflètent :	On voit la lumière toute seule :
Per speciem, seu quando similitudo rei imprimitur in visum.	Non per aliquam speciem ejus (lucis); et hæc visio est similis visioni qua Deus videt se.
Per præsentiam similitudinis rei in sensu.	Non per aliquam similitudinem in oculo relictam, sed per suam essentiam informans oculum... per præsentiam suæ (lucis) essentiæ in cognoscente.
Per præsentiam similitudinis rei in potentia cognoscitiva.	Per sui præsentiam in re vidente; per conjunctionem essentiæ visibilis cum visu.

Celui qui aura lu attentivement tout ce qui précède ne trouvera plus aucune contradiction en ce que St Thomas dit du « lumen, *quædam manifestatio veritatis.* » Il est aussi vrai de dire, en parlant de la vision reflexe : « *non oportet quod etiam ipsum lumen inditum sit primo cognitum a nobis,* » qu'il est vrai de dire, en parlant de la vision directe : « illud in quo omnia cognoscuntur, et per quod de omnibus quæ cognoscimus judicamus, est primo cognitum a nobis « *sicut lux est prius nota quam quæ per lucem videntur.* » (IN LIB. BOETII DE TRINITATE art. III); — loc. cit. nº 2, et *passim.*

II

S. THOMAS A-T-IL TRAITÉ EX PROFESSO LA QUESTION DE L'ORIGINE DES IDÉES?

Un écrivain vénitien, le comte Gasparo Gozzi, nous raconte dans une de ses « Novelle » une conversation recueillie, sur le pont de Rialto, en suivant un monsieur fort bien mis, qui tenait par la main un petit enfant.

» Papa, disait l'enfant, que sont ces petites choses claires là haut au dessus de nos têtes ?

» Ce sont des étoiles.

» Des étoiles! Mais qu'est-ce que des étoiles?

» Les étoiles sont des étoiles, des choses qui brillent comme tu vois.

» Sont-ce donc des chandelles ?

» Précisément, ce sont des chandelles.

» Des chandelles de suif ou de cire ?

» Fi ! des chandelles de suif au ciel ! des chandelles de cire, — de cire.

A ce point le savant instructeur trouva manière d'appeler ailleurs l'attention de l'enfant qui, par sa docilité à parler d'autres choses, montra que l'explication paternelle l'avait complètement satisfait ; pour lui, son père avait traité *ex professo* la question de la nature des étoiles.

Cette anecdote me revient à l'esprit en songeant aux assertions contradictoires, qu'on lit et qu'on entend chaque jour, sur l'étendue

donnée par Saint Thomas à la question de l'origine des idées. Suivant les uns, c'est à peine s'il
en dit mot ; suivant les autres, nul ne l'a traitée
plus clairement, ni plus profondément, ni plus
complètement que lui. Il est évident, que les
exigences des divers esprits sont pour beaucoup
dans ces assertions : il y en a pour qui on dirait
que nulle explication n'est suffisante; il y en a
qui, en philosophie, se montrent tout aussi faciles
à contenter que l'enfant dont nous venons
de rapporter les questions.

J'ai dit ou, plutôt, j'ai insinué à page 37 que
Saint Thomas n'a point traité *ex professo* la
question de *l'origine* des idées. Cette assertion
me paraît assez justifiée par les remarques qui
l'accompagnent, mais le lecteur me saura gré de
le mettre à même d'en constater la vérité par ses
propres yeux, après quelques réflexions préli-
minaires.

Comme le mot *origine* l'indique, la question
qui nous occupe a pour objet l'homme à l'instant
où il *commence* à avoir des idées. D'où, quand,
et comment lui vient-elle la première idée? que
lui montre-t-elle? Voilà la question de *l'origine*
des idées ; elle est autre chose, on le voit, que
celle de la *formation* des idées, c'est-à-dire, de
la manière dont à l'aide, soit des sens soit d'idées
préexistantes, nous nous formons chaque jour
des idées nouvelles. Je prie le lecteur de ne point
confondre « *origine* des idées » avec « *formation*
des idées »

Voici maintenant une autre réflexion. L'Eglise

qui, en cas de nécessité, ordonne de baptiser l'enfant avant qu'il soit entièrement sorti du sein maternel, reconnaît par là même qu'il est un homme. S'il est homme, il est intelligent, car c'est l'intelligence qui constitue l'homme : s'il est intelligent, qu'est-ce qu'il entend, puisque les sens ne peuvent encore lui offrir aucun « phantasma » de choses matérielles ? On me dira peut-être qu'il est intelligent *in potentia*. Tout lecteur comprend que ce mot a besoin d'une ample explication. Cette *potentia* n'est pas, assurément, une simple capacité de devenir intelligent, comme quelques-uns pourraient être tentés de l'accorder même à une brute : * elle doit être une *potentia* distinguant spécifiquement l'enfant de la bête, le constituant dès lors dans l'ordre moral puisqu'il est considéré en état de péché, le rendant capable de l'élévation à l'état surnaturel, de l'application du sang et des mérites de Jésus-Christ. On ne me trouvera pas trop exigeant si j'affirme que, dire qu'il est intelligent *in potentia*, ce n'est pas répondre à la question de *l'origine* des idées, beaucoup moins la résoudre. Et si l'on me répond que cette expression est de Saint Thomas, je prie le lecteur de se rappeler que Saint Thomas dit aussi que « TRIPLICITER

---

* Je ne cite point l'exemple de la monture du prophète envoyé par Balac pour maudire Israël (Num. XII, 28-30) parce que, d'après les commentateurs les plus autorisés, sa langue formula miraculeusement des paroles, sans que Dieu lui ait accordé même momentanément la raison.

aliquid cognoscitur, » avec ce qui suit. (V. plus haut, p. 54 et suiv.)

Une autre réflexion. Il est des choses que les sens ne pourront jamais nous apprendre. Pour discerner le juste de l'injuste, il faut autre chose que les sens. Ici, dit Saint-Augustin, « non acies « *pupillæ, non foramen auriculæ, non spira-* « *menta narium, non gustus faucium, non* « *ullus corporis tactus accedit.*» (De civit. Dei. l. XI c. XXVII. Les sens pourront bien fournir la matière pour l'application des principes de l'ordre moral, mais les principes eux-mêmes, les idées de vérité et de justice, d'où, quand, et comment l'homme *a-t-il commencé* à les avoir ? En d'autres mots, quelle est la genèse des idées relatives à l'ordre moral ?

Une quatrième et dernière réflexion. La philosophie, comme la théologie elle-même, se développe principalement en présence de la nécessité de se défendre contre des erreurs soit nouvelles, soit renaissant sous des formes nouvelles. Or, au moyen-âge, la question de *l'origine* des idées, tout importante qu'elle fût pour les esprits investigateurs, et comme complément de l'enseignement philosophique, était bien loin d'avoir la portée pratique qu'elle a aujourd'hui [*]. Personne, alors, n'aurait sérieusement songé à considérer l'homme comme un singe per-

---

[*] Les questions des nominalistes, des conceptualistes et des réalistes qui, même avant Saint Thomas, avaient tant passionné les esprits, regardaient plutôt la nature que l'origine des idées.

fectionné, à nous mettre au niveau de la brute, à nier l'existence même de l'ordre moral, ou à n'en faire qu'une création de la pensée individuelle. Alors, ni Kant, ni Hume, ni Hegel n'avaient encore paru; et les rationalistes, les positivistes et les matérialistes d'aujourd'hui n'auraient pas même été possibles dans la société pour laquelle écrivait S. Thomas. Or, la philosophie doit, dans la pensée de l'Église, servir au bien des âmes, et c'est là ce qui fait sa valeur. C'est donc honorer St Thomas que de ne point perdre de vue, tout en s'en tenant à sa doctrine, les besoins particuliers des âmes au milieu desquelles nous vivons aujourd'hui.

Voici maintenant des indications qui aideront le lecteur désireux d'étudier, dans les écrits de l'Ange de l'école, son système idéologique.

La première place est due à la *Summa theologica* et l'on a remarqué, avec raison, que ceux-là sont à blâmer qui nient au Saint Docteur de s'être assez clairement expliqué dans son immortel chef-d'œuvre*. Or, *Summa* signifie: abrégé; *theologica* signifie: théologique. De plus, S. Thomas dit expressément, dans le Prologue de cet ouvrage, qu'il écrit pour les commençants (*secundum quod congruit ad eruditionem incipientium*). La *Summa theo-*

* Rev. P. Liberatore, S. J. *Théorie de la connaissance intellectuelle d'après S. Thomas.* Paris, Casterman. 1863. Introd. p. XV.

logica était donc, dans la pensée du Saint Docteur, un abrégé de théologie à l'usage des commençants ; il serait bien étonnant qu'on y trouvât traitée *ex professo* une question à laquelle les plus grands penseurs consacrent aujourd'hui des volumes. Et, de fait, sur les 610 *quæstiones* dont l'ouvrage se compose, seulement 15 sont consacrées à la nature et aux puissances de l'âme humaine; sur ces 15, six seulement se rapportent directement à l'idéologie (I. I⁰ quæst. 79, 84-88) : des 40 articles dont ces six questions se composent, plusieurs ne se rapportent ni à l'origine ni même à la formation des idées ; enfin, tous peuvent constater les nombreuses répétitions qui s'y trouvent. La *Summa theologica* contient, il est vrai, d'autres *quæstiones* renfermant des indications fort précieuses pour le sujet qui nous occupe, telles que : *De veritate*, *De ideis* (dans le traité *de Deo*); *De virtute cognoscitiva Angeli*, etc., mais nul ne dira que S. Thomas entendait parler *ex professo* de l'origine des idées humaines dans les traités *de Deo* ou *de Angelis*. — En voilà assez pour la *Summa theologica*.

Pour les autres écrits du Saint Docteur quelques mots suffisent. L'auteur de la *Théorie de la connaissance intellectuelle d'après S. Thomas* a recueilli, dans son ouvrage, plus de 320 citations empruntées aux écrits du Saint. Sur ce nombre, plus de 170 (y compris les répétitions) sont tirées de la *Summa theolo-*

gica, les autres appartiennent à plus de *vingt-cinq* écrits divers du Saint Docteur. Cette proportion est assez éloquente.

Sauf erreur, ceux de ces 25 écrits ou traités, où l'on trouvera le plus de matériaux pour notre sujet, sont la *Summa contra Gentes*, dont la table indiquera les *quæstiones* ayant trait à la psychologie, les livres des Distinctions, (autre ment dits les Commentaires *in libros sententia- rum*), les Commentaires sur la Métaphysique d'Aristote, les traités *De anima*, *De veritate*, *De mente*, *De magistro* dans les *Quæstiones disputatæ* et, parmi les opuscules, ceux *De unitate intellectus*, *De intellectu et intelligi- bili*, *De natura luminis*, *De universalibus*.

Je me permets d'appeler de nouveau l'attention du lecteur sur la distinction, assez fréquente en S. Thomas, entre vision directe et vision réflexe et, enfin, de le prier encore une fois, de se former une idée claire et précise, d'après les réflexions qui précèdent, de ce en quoi consiste la question de *l'origine* des idées, qu'il est fort important de ne point confondre avec celle de la *formation* quotidienne d'idées nouvelles à l'aide soit des sens, soit d'idées préexistantes.

Puisque, selon St Thomas, le *principium quo intelligitur* et *in quo omnia cognoscuntur* est le « *lumen, quædam manifestatio veritatis*, » c'est, surtout dans les passages concernant ce *lumen* qu'il faut étudier la pensée de St Thomas sur l'origine des idées.

III

UN MOT POUVANT AIDER A RÉSOUDRE LA QUESTION DE L'ORIGINE DES IDÉES SELON S¹ THOMAS.

D'après tout ce qui précède, le lecteur a pu remarquer que la solution de la question de l'origine des idées selon S¹ Thomas, se réduit à trouver la véritable explication du « *lumen, quædam manifestatio veritatis.* » Or, pour que cette explication soit véritable et, comme telle, s'impose à notre esprit, il faut qu'à la place de l'expression métaphysique de *lumière*, employée par S¹ Thomas, on mette quelque chose dont on puisse dire tout ce que le Saint Docteur dit de *cette lumière* et de la façon dont on la voit. Il faut donc trouver ce *quid* :

qui soit, à lui seul « QUÆDAM *manifestatio veritatis,* »

qui, même tout seul, fasse voir quelque chose, « *ad minus seipsum,* » en d'autres termes qui soit objet de notre intelligence ;

qui ne soit pas vu « *per aliquam speciem ejus ;* »

qui « *per essentiam suam informet oculum (mentis) ;* »

qui soit le moyen à l'aide duquel on voit toutes choses, et sans lequel on ne peut rien voir ; « *principium quo intelligimus, in quo omnia cognoscuntur.* »

qui, étant « *menti connaturale*, » brille devant
l'esprit dès le premier instant de notre existence
et soit vu par lui, avant toute autre chose, MAIS
D'UNE FAÇON DIRECTE ET INCONSCIENTE;
qui reflété, enfin, par les objets qu'il éclaire soit
vu après eux et de la façon dont on voit toutes
les autres choses, mais seulement lorsque la
réflexion est survenue pour distinguer entre
la chose éclairée et le principe qui l'éclaire.

Celui-là seul, qui aura trouvé ce *quid* dont
on puisse dire tout ce qui précède, aura
donné la véritable explication du « *lumen, quædam manifestatio veritatis* » de l'Ange de l'E-
cole, en d'autres mots, aura résolu le problème
de l'origine des idées *selon Saint-Thomas*.

IV.

PASSAGE DE S. THOMAS SUR L'UTILITÉ DE LA PHILOSOPHIE DANS LES MATIÈRES DE FOI.

Dans son commentaire sur le livre *de Trinitate* de Boèce, le S. Docteur se fait l'objection : « *Videtur quod in his quæ sunt
fidei, non licet rationibus physicis uti* » et
y répond de la manière suivante :

« Respondeo dicendum quod dona
gratiarum hòc modo naturæ adduntur
quod eam non tollunt, sed magis per-
ficiunt; unde et lumen fidei, quod nobis

gratis infunditur, non destruit lumen naturalis cognitionis nobis naturaliter inditum. Quamvis autem naturale lumen mentis humanæ sit insufficiens ad manifestationem eorum quæ per fidem manifestantur, tamen impossibile est quod ea quæ, per fidem, nobis traduntur divinitus, sint contraria his quæ per naturam nobis sunt indita: oporteret enim alterum esse falsum, et, cum utrumque sit nobis a Deo, Deus esset nobis auctor falsitatis, quod est impossibile. Sed magis cum in imperfectis inveniatur aliqua imitatio perfectorum, quamvis imperfecta; in his, quæ per naturalem rationem cognoscuntur, sunt quædam similitudines eorum quæ per fidem tradita sunt. Sicut autem sacra doctrina fundatur super lumen fidei, ita Philosophia super lumen naturale rationis. Unde impossibile est quod ea quæ sunt Philosophiæ, sint contraria iis quæ sunt fidei, sed deficiunt ab eis; continent tamen quasdam similitudines eorum, et quædam ad ea præambula, sicut natura præambula est ad gratiam. Si quid autem in dictis philosophorum inveniatur contrarium fidei, hoc non est philosophiæ sed magis *Philosophiæ abusus, ex defectu rationis.*

Et ideo possibile est ex principiis Philosophiæ hujusmodi errorem refellere, vel ostendendo omnino esse impossibilem, vel non esse necessarium. Sicut enim ea, quæ fidei sunt, non possunt demonstrative probari, ita quædam contraria his non possunt demonstrative ostendi esse falsa, sed potest ostendi non esse ea necessaria.

Sic igitur, in sacra doctrina, Philosophiâ possumus tripliciter uti : Primo, *ad demonstrandum ea quæ sunt preambula fidei*, quæ necessaria sunt in fidei scientia, ut ea quæ naturalibus rationibus de Deo probantur, ut Deum esse, Deum esse unum, et hujusmodi, de Deo, vel de creaturis, in Philosophia probata quæ fides supponit. — Secundo, *ad notificandum per aliquas similitudines ea quæ sunt fidei*, sicut Augustinus, in libris de Trinitate, utitur multis similitudinibus ex doctrinis philosophicis sumptis, ad manifestandum Trinitatem. — Tertio, *ad resistendum his quæ contra fidem dicuntur*, sive ostendendo esse falsa, sive ostendendo non esse necessaria.

Tamen, utentes Philosophiâ in sacra scriptura possunt dupliciter errare : uno modo utendo his quæ sunt contra fidem, *quæ non sunt Philosophiæ, sed potius error vel abusus ejus*, sicut Origenes fecit. Alio modo, ut ea quæ sunt fidei includantur sub metis philosophiæ, ut si nihil aliquis credere velit nisi quod per philosophiam haberi potest; cum, e converso, philosophia sit ad metas fidei redigenda, secundum illud Apostoli II Corinth. X. 5. « *In captivitatem redigentes omnem intellectum in obsequium Christi.* » (In Librum Boetii de Trinitate. Quæst. 2. Art. III.)

Epinal. V. Collot, Imp.